1ª edição - Novembro de 2022

Coordenação editorial
Ronaldo A. Sperdutti

Projeto gráfico e editoração
Juliana Mollinari

Capa
Juliana Mollinari

Imagens da capa
Shutterstock

Assistente editorial
Ana Maria Rael Gambarini

Revisão
Ana Maria Rael Gambarini

Impressão
Rettec Artes Gráficas

Direitos autorais reservados. É proibida a reprodução total ou parcial, de qualquer forma ou por qualquer meio, salvo com autorização da Editora. (Lei nº 9.610, de 19 de fevereiro de 1998)

Traduções somente com autorização por escrito da Editora.

© 2022 by Boa Nova Editora.

Av. Porto Ferreira, 1031
Parque Iracema
CEP 15809-020 | Catanduva-SP
17 3531.4444

www.**petit**.com.br
petit@petit.com.br
www.**boanova**.net
boanova@boanova.net

VERA LÚCIA MARINZECK DE CARVALHO
DITADO PELO ESPÍRITO PATRÍCIA

VIOLETAS DE PATRÍCIA

Dados Internacionais de Catalogação na Publicação (CIP)
(Câmara Brasileira do Livro, SP, Brasil)

```
Patrícia (Espírito)
  Violetas de Patrícia / ditado pelo espírito
Patrícia ; [psicografia de] Vera Lúcia Marinzeck de
Carvalho. -- 1. ed. -- Catanduva, SP : Petit Editora,
2022.

  ISBN 978-65-5806-037-6

  1. Espiritismo 2. Psicografia 3. Romance espírita
I. Carvalho, Vera Lúcia Marinzeck de. II. Título.

22-134073                                    CDD-133.93
```

Índices para catálogo sistemático:

1. Romances espíritas psicografados : Espiritismo
   133.93

Cibele Maria Dias - Bibliotecária - CRB-8/9427

Impresso no Brasil – Printed in Brazil
1-11-22-10.000

Prezado(a) leitor(a),

Caso encontre neste livro alguma parte que acredita que vai interessar ou mesmo ajudar outras pessoas e decida distribuí-la por meio da internet ou outro meio, nunca deixe de mencionar a fonte, pois assim estará preservando os direitos do autor e, consequentemente, contribuindo para uma ótima divulgação do livro.

As violetas passaram a enfeitar a
janela do meu quarto (a minha vida).
Desejamos a você, flores a enfeitar
também seu dia a dia. Que
cada pétala seja de alegrias.
Com amor,

Vera e Patricia

"Quando almejarem com sinceridade pela ajuda, terão sempre quem os auxilie."

*Trecho extraído do livro
Vivendo no mundo dos espíritos*

"A vida concede ao seu filho vitalidade, alegria e o amor não contaminados pelas paixões mundanas."

*Trecho extraído do livro
Vivendo no mundo dos espíritos*

"Sempre devemos ajudar, do melhor modo possível, aqueles que surgem no nosso caminho."

Trecho extraído do livro
O voo da gaivota

"Que alegria fazer o bem, sinta hoje uma alegria assim."

Trecho extraído do livro
Vivendo no mundo dos espíritos

"O agradecimento sincero
sai da alma e envolve a pessoa
que agradece com raios
de suave colorido."

Trecho extraído do livro
O voo da gaivota

"O bem realizado a nós retorna,
nos fazendo ser autossuficiente
e útil cada vez mais."

Trecho extraído do livro
A casa do escritor

"Não fazer, por julgar-se incapaz, não é aceito como desculpa."

Trecho extraído do livro
O voo da gaivota

"O início da verdadeira humildade é não se sentir melhor que ninguém."

Trecho extraído do livro
O voo da gaivota

"O umbral nos leva a meditar na imensa bondade do Pai, que nos deu um local provisório para morar."

Trecho extraído do livro
A casa do escritor

"No exercício da fraternidade incondicional, devemos fazer sem desejar nada em troca."

Trecho extraído do livro
O voo da gaivota

"Que a nossa gratidão se reverta
em vibrações carinhosas
ao nosso benfeitor."

*Trecho extraído do livro
A casa do escritor*

"O amor deve se traduzir
na felicidade de ser uma
manifestação do Criador."

*Trecho extraído do livro
Vivendo no mundo dos espíritos*

"É muito importante que possamos aprender a ver as coisas como são e não como queremos que sejam."

Trecho extraído do livro
O voo da gaivota

"Orações nos envolvem com energias benfazejas que nos ajudam no que necessitamos."

Trecho extraído do livro
O voo da gaivota

"Quando queremos, achamos sempre um modo de sermos úteis e trabalhar."

*Trecho extraído do livro
O voo da gaivota*

"Aproxime-se de Deus, porque ninguém é feliz afastado do Criador."

*Trecho extraído do livro
Vivendo no mundo dos espíritos*

"Quem ama o próximo não lhe faz maldades. Quem ama o próximo não persegue. Quem ama vive em harmonia!"

*Trecho extraído do livro
Vivendo no mundo dos espíritos*

....

"Aquele que se revolta não aproveita o sofrimento como preciosa lição. Sofre, às vezes, mais."

*Trecho extraído do livro
Vivendo no mundo dos espíritos*

"Quando o espírito
se equilibra, o cérebro físico
também será equilibrado."

*Trecho extraído do livro
Vivendo no mundo dos espíritos*

....

"Quando ajudamos
alguém a melhorar, melhoramos o
mundo que vivemos."

*Trecho extraído do livro
O voo da gaivota*

"Devemos compreender sem ilusão o que realmente somos, e não o que pensamos ser."

Trecho extraído do livro Violetas na janela

"A natureza é vida que se renova incessantemente."

Trecho extraído do livro A casa do escritor

"As dificuldades para uns são punição, para outros, oportunidades e estímulo para sua melhoria."

Trecho extraído do livro
Violetas na janela

"É incontestável que o hoje é consequência do ontem. Mas também o hoje é causa do amanhã."

Trecho extraído do livro
Violetas na janela

"Do passado, devemos tirar somente lições que nos ajudarão a progredir sempre."

*Trecho extraído do livro
A casa do escritor*

"Devemos amar, respeitar e dar valor a todas as formas de lar."

*Trecho extraído do livro
O voo da gaivota*

"O orgulho e a arrogância são duas chagas que acabam por sangrar, trazendo muitos sofrimentos."

*Trecho extraído do livro
Violetas na janela*

"O cultivo da harmonia e fraternidade é o antídoto para nossos conflitos. Harmonize-se!"

*Trecho extraído do livro
A casa do escritor*

"A felicidade verdadeira somente existe quando estamos desapegados de qualquer interesse particular."

Trecho extraído do livro
A casa do escritor

"Felizes os que, ao desencarnar, têm por merecimento um lugar de bem-aventurança."

Trecho extraído do livro
Vivendo no mundo dos espíritos

"A boa música ajuda a refazer as energias. É sempre agradável ouvir as canções em companhia de amigos."

Trecho extraído do livro
Vivendo no mundo dos espíritos

"Conhecer, aprender é ter sempre novas oportunidades."

Trecho extraído do livro
Vivendo no mundo dos espíritos

"Ter como amigos bons espíritos é ter tesouros no plano espiritual."

*Trecho extraído do livro
Vivendo no mundo dos espíritos*

"O orgulho e o egoísmo levam muitos à porta larga da perdição, para o sofrimento após a desencarnação."

*Trecho extraído do livro
Vivendo no mundo dos espíritos*

"A dor, quando compreendida,
transforma o indivíduo
na sua maneira de agir."

*Trecho extraído do livro
Vivendo no mundo dos espíritos*

"O nosso paraíso não está no além,
nem no aquém, está dentro
de nós mesmos."

*Trecho extraído do livro
Vivendo no mundo dos espíritos*

"Cumprimentos tradicionais de bons presságios como bom dia, boa tarde, se desejados de coração, são votos de harmonia."

Trecho extraído do livro
A casa do escritor

....

"A diferença do bem sofrer e mal sofrer é a aceitação e a compreensão do sofrimento."

Trecho extraído do livro
Vivendo no mundo dos espíritos

"O passe deve ser encarado como um remédio poderoso e, como todos os remédios, não deve ter abusos."

*Trecho extraído do livro
Vivendo no mundo dos espíritos*

"Devemos ser gratos e receber com carinho as gratidões."

*Trecho extraído do livro
Vivendo no mundo dos espíritos*

"A prece muitas vezes não atinge a quem se pretende beneficiar, mas, indiscutivelmente, beneficia a quem ora."

*Trecho extraído do livro
Violetas na janela*

"Devemos dar ênfase a tudo que é lindo. O entusiasmo faz parte da vida!"

*Trecho extraído do livro
A casa do escritor*

"Todos nós temos na reencarnação um recomeço. Não nos convém recomeçar lembrando o passado."

*Trecho extraído do livro
Vivendo no mundo dos espíritos*

"Todas as religiões ensinam a amar a Deus, fazer o bem e evitar o mal."

*Trecho extraído do livro
Vivendo no mundo dos espíritos*

"O Espiritismo bem compreendido educa para a continuação da vida."

Trecho extraído do livro
Vivendo no mundo dos espíritos

"Pessoas que oram com sinceridade são rodeadas de fluidos agradáveis."

Trecho extraído do livro
Vivendo no mundo dos espíritos

"Devemos trabalhar pelo amor
ao trabalho e não para
ver seus resultados."

*Trecho extraído do livro
O voo da gaivota*

"Religiões são setas no caminho,
mas cabe a nós caminhar."

*Trecho extraído do livro
Vivendo no mundo dos espíritos*

"Devemos imitar as flores, cuja alegria e felicidade está na atitude permanente de refletir o belo, o perfumado, o imponderável."

*Trecho extraído do livro
Vivendo no mundo dos espíritos*

"Felizes os que tudo fazem, esforçam-se por vibrar no bem."

*Trecho extraído do livro
Vivendo no mundo dos espíritos*

"Aquele que faz a lição que cabe a outro impede-o de aprender."

Trecho extraído do livro
Violetas na janela

"No trabalho de auxílio não existe nenhum específico para homem ou para mulheres. Somos criaturas de Deus."

Trecho extraído do livro
Vivendo no mundo dos espíritos

"Viver em paz consigo mesmo é fonte perene de alegria e felicidade."

Trecho extraído do livro
Vivendo no mundo dos espíritos

"Ser criança ou jovem na matéria são fases, sabemos que o espírito pode ser milenar."

Trecho extraído do livro
Violetas na janela

"As dificuldades vencidas impulsionam-nos ao progresso."

*Trecho extraído do livro
Violetas na janela*

"Cuidar do corpo físico é obrigação de todos nós que, por certo período, o temos para viver encarnados."

*Trecho extraído do livro
Violetas na janela*

"Toda causa produz um efeito. Causas boas, efeitos bons; causas ruins, efeitos negativos."

*Trecho extraído do livro
Vivendo no mundo dos espíritos*

"A oportunidade de crescer pelo amor todos temos; se a perdermos, a dor, sábia companheira, vem nos impulsionar."

*Trecho extraído do livro
Vivendo no mundo dos espíritos*

"Como é bom fazer e ter amigos, ter quem nos ajude nos momentos difíceis. Comece ajudando-os."

*Trecho extraído do livro
A casa do escritor*

....

"Medo da vida é para quem duvida que somos filhos de Deus. Sejamos corajosos!"

*Trecho extraído do livro
Vivendo no mundo dos espíritos*

"Temos a bênção do esquecimento dos nossos erros, para que no novo corpo recomecemos sem a dor do remorso."

Trecho extraído do livro
Vivendo no mundo dos espíritos

"É nossa obrigação passar de necessitado a útil."

Trecho extraído do livro
Violetas na janela

"Aprendemos muito quando ensinamos. É fantástico ensinar."

Trecho extraído do livro
A casa do escritor

....

"Não podemos separar nossa vida, ela é um todo, e estar encarnada ou desencarnada são fases."

Trecho extraído do livro
Violetas na janela

"O agradecimento sincero sai da alma e envolve a pessoa que agradece com raios de suave colorido que vão para quem estamos agradecendo, beneficiando ambos."

Trecho extraído do livro
O voo da gaivota

"Coragem, não se entristeça, receba o que lhe oferecem com alegria."

Trecho extraído do livro
Violetas na janela

"Não se aflija por nenhum motivo. Não tema o desconhecido. Deus está em toda parte, sinta-O."

*Trecho extraído do livro
Violetas na janela*

"Nas Colônias, seus hóspedes e moradores aprendem a respeitar a natureza, ninguém estraga nada."

*Trecho extraído do livro
Violetas na janela*

"O Espiritismo dá aos encarnados o entendimento da morte do corpo."

*Trecho extraído do livro
Violetas na janela*

"Prefiro cultivar o amor,
é bem melhor."

*Trecho extraído do livro
A casa do escritor*

"O carinho sincero que
os une é laço forte."

Trecho extraído do livro
Violetas na janela

"O que nosso Mestre Maior nos
ensinou é que devemos ser melhores,
tornarmo-nos bons, no presente."

Trecho extraído do livro
Violetas na janela

"Peço desculpas quando erro, porém procuro não cometer o mesmo erro."

*Trecho extraído do livro
O voo da gaivota*

"O egoísmo é um peso, os que cultivam a matéria a ela ficam presos."

*Trecho extraído do livro
Violetas na janela*

"Muitos necessitam entender por meio do sofrimento, para dar valor ao amparo recebido."

Trecho extraído do livro
Violetas na janela

"Saber é do espírito ativo que trabalha e estuda. Aquele que sabe é porque aprendeu. Estuda! Aprende!"

Trecho extraído do livro
A casa do escritor

"O espiritismo educa para a continuação da vida."

Trecho extraído do livro
Vivendo no mundo dos espíritos

"A desencarnação é o nascer do espírito para o mundo espiritual. Manda amor, alegria para os que partiram."

Trecho extraído do livro
Vivendo no mundo dos espíritos

"Fortaleça-se, não tema. Você está bem, esforce-se para ser feliz."

*Trecho extraído do livro
Violetas na janela*

....

"Para ser útil com sabedoria, é preciso conhecer."

*Trecho extraído do livro
Violetas na janela*

"Vigiai e orai" disse-nos sabiamente Jesus, e prudentes são aqueles que assim procedem.

*Trecho extraído do livro
A casa do escritor*

....

"Se estamos satisfeitos conosco, seremos felizes onde estivermos."

*Trecho extraído do livro
O voo da gaivota*

"Não importa se estamos encarnados ou desencarnados, temos de crescer, progredir, pôr em prática o que se aprende."

*Trecho extraído do livro
Violetas na janela*

"O tempo se encarrega
de suavizar todas as dores."

*Trecho extraído do livro
Violetas na janela*

"Um trabalho que temos a graça e a oportunidade de fazer é nossa realização."

*Trecho extraído do livro
Violetas na janela*

"Sorria! A vida é bela, estando aqui ou aí não importa, o que precisamos é estar com Deus."

*Trecho extraído do livro
Violetas na janela*

"Só podemos incentivar outros a fazer, se fizermos."

*Trecho extraído do livro
A casa do escritor*

"Só damos o que temos, só ensinamos o que sabemos."

*Trecho extraído do livro
A casa do escritor*

"Amar todos como irmãos é evoluir."

Trecho extraído do livro
A casa do escritor

....

"Temos sempre a companhia que escolhemos. Pela oração sincera nos ligamos aos bons. Ore!"

Trecho extraído do livro
Vivendo no mundo dos espíritos

"Quem gosta de aprender o faz encarnado ou desencarnado."

Trecho extraído do livro
A casa do escritor

"Só se pode dar auxílio aos que querem ser auxiliados."

Trecho extraído do livro
A casa do escritor

"Deus é amor e quer bem a todos os Seus filhos."

Trecho extraído do livro
A casa do escritor

"Devemos aceitar a desencarnação daqueles que amamos, ajudá-los com pensamentos de carinho, orando com fé, facilitando sua ida para o mundo espiritual."

Trecho extraído do livro
Vivendo no mundo dos espíritos

"Quem faz por merecer
conquista seu bom lugar."

*Trecho extraído do livro
A casa do escritor*

"O amor deve estar presente em
tudo o que fazemos,
ele nos torna mais eficientes."

*Trecho extraído do livro
O voo da gaivota.*

"Que os bons exemplos sejam seus objetivos. Espelhe-se em Jesus."

Trecho extraído do livro
A casa do escritor

"Devemos buscar o conhecimento sem cessar e com todo empenho."

Trecho extraído do livro
A casa do escritor

"A beleza que encanta os olhos em muitas ocasiões é passageira."

Trecho extraído do livro
A casa do escritor

....

"Como o tempo corre depressa quando estamos felizes!"

Trecho extraído do livro
A casa do escritor

"Somos o que construímos no passado e seremos no futuro o que construímos no presente."

Trecho extraído do livro
Vivendo no mundo dos espíritos

"Dificuldades solucionadas são degraus que subimos no progresso."

Trecho extraído do livro
A casa do escritor

"No seu interior o homem precisa se assemelhar a Deus, que é realmente profundamente simples."

Trecho extraído do livro
A casa do escritor

"Façam seus trabalhos com entusiasmo e carinho."

Trecho extraído do livro
A casa do escritor

"O amor é um laço forte. Põe forte nisso. Às vezes é atado com nó."

Trecho extraído do livro
A casa do escritor

"Veja a manifestação de Deus tanto no extraordinário como também no simples e necessário."

Trecho extraído do livro
A casa do escritor

"Precisamos atuar sempre com total ausência de ódio ou revolta, mesmo quando estamos sendo acuados."

Trecho extraído do livro
A casa do escritor

....

"Precisamos agir sempre com perseverança e convicção por aquilo que queremos."

Trecho extraído do livro
A casa do escritor

"Temos sempre defeitos a superar e virtudes a adquirir. Sejamos bons!"

*Trecho extraído do livro
Vivendo no mundo dos espíritos*

....

"Temos que desejar sempre aos que amamos felicidade e que eles estejam bem, melhores do que nós."

*Trecho extraído do livro
A casa do escritor*

"Muitas vezes o encarnado não deixa o desencarnado seguir seu caminho."

*Trecho extraído do livro
A casa do escritor*

....

"Ame e tudo ficará mais fácil."

*Trecho extraído do livro
A casa do escritor*

"O saber é do espírito ativo que trabalha e estuda, que pode tanto estar encarnado quanto desencarnado."

*Trecho extraído do livro
A casa do escritor*

....

"O amor que une tem que ter o entendimento e existir sem egoísmo."

*Trecho extraído do livro
A casa do escritor*

"Nosso corpo de carne é
uma vestimenta
querida. Cuide bem dele."

*Trecho extraído do livro
Violetas na Janela*

"Não se deve construir a própria
felicidade sobre a infelicidade
de outras pessoas."

*Trecho extraído do livro
A casa do escritor*

"Espíritos afins são aqueles que combinam, têm os mesmos gostos e ideais e que às vezes estão juntos há muitas encarnações."

Trecho extraído do livro
A casa do escritor

"Todos temos nosso livre-arbítrio que é respeitado."

Trecho extraído do livro
A casa do escritor

"Uma vez casados, tudo deve ser feito para que a união dure."

Trecho extraído do livro
A casa do escritor

"A reencarnação é oportunidade para todos."

Trecho extraído do livro
A casa do escritor

"Amor de mãe é como um farol a iluminar seus entes queridos e a perfumar suas existências."

*Trecho extraído do livro
Violetas na janela*

....

"Há pessoas boas e de fé em todas as religiões."

*Trecho extraído do livro
Vivendo no mundo dos espíritos*

"Só pedir perdão é fácil demais. Há ainda a necessidade de reparar."

Trecho extraído do livro
A casa do escritor

"Vamos desejar a paz, começando tendo tolerância e concórdia com os que nos cercam."

Trecho extraído do livro
O voo da gaivota

"Um dia vocês irão se encontrar, como agora se encontram comigo. Verão que nunca estiveram separados, porque o amor une."

*Trecho extraído do livro
Violetas na janela*

....

"Todos nós temos nossa história e, quem sabe, um fato particular que nos leva ao amor."

*Trecho extraído do livro
A casa do escritor*

"Só por Jesus ter nos deixado tantos ensinamentos maravilhosos seria o bastante para que todos O amássemos."

Trecho extraído do livro
A casa do escritor

"Para todos os erros há perdão, quando o errado pede com sinceridade."

Trecho extraído do livro
A casa do escritor

"Para a natureza não há nem bonito nem feio, mas simplesmente um conjunto de manifestações ou indivíduos que juntos compõem o universo."

*Trecho extraído do livro
O voo da gaivota*

"Um bom livro são sementes boas que têm frutificado em muitos corações."

*Trecho extraído do livro
A casa do escritor*

"Se estamos satisfeitos conosco, seremos felizes onde estivermos; se insatisfeitos, nada nos parecerá suficientemente bom."

*Trecho extraído do livro
O voo da gaivota*

"Precisamos é da renovação interior para que participemos da renovação da humanidade."

*Trecho extraído do livro
O voo da gaivota*

"Amemos a Deus acima de tudo, acima de nós mesmos."

Trecho extraído do livro
O voo da gaivota

....

"Poder, satisfação, ociosidade e prazer são cultivo de futuras dores que não tardarão a florescer."

Trecho extraído do livro
A casa do escritor

"Devemos trabalhar com alegria e gratidão, é fazendo pequenas tarefas que demonstraremos ser dignos das grandes."

*Trecho extraído do livro
O voo da gaivota*

"Não se deve chorar pelo passado, só tirar lições para o futuro."

*Trecho extraído do livro
A casa do escritor*

"Quando se faz o que se ama, tudo é mais fácil. Ame, tente sempre amar mais, terá sua vida facilitada."

*Trecho extraído do livro
A casa do escritor*

"O cultivo da harmonia e fraternidade é o antídoto dos nossos conflitos psíquicos e até de dores materiais."

*Trecho extraído do livro
A casa do escritor*

"Procure envolver com amor tudo aquilo que fizer com entusiasmo."

*Trecho extraído do livro
A casa do escritor*

"A felicidade verdadeira só existe quando estamos desapegados de qualquer interesse particular."

*Trecho extraído do livro
A casa do escritor*

"Que prazer nos proporciona fazer algum trabalho sem estarmos esperando ou condicionados a um pagamento, ou agradecimento de outras pessoas."

Trecho extraído do livro
A casa do escritor

"Conhecer é fazer com sabedoria."

Trecho extraído do livro
O voo da gaivota

"O passado está em nós e não podemos mudá-lo um pingo que seja. Mas podemos, sim, tirar lições para o futuro e entender o presente."

Trecho extraído do livro
A casa do escritor

....

"Como é bom estarmos quites conosco mesmo, com nossa consciência."

Trecho extraído do livro
A casa do escritor

"Aprendemos muito
quando ensinamos o
que sabemos aos outros."

Trecho extraído do livro
O voo da gaivota

"Nós, cristãos, conhecemos
ou deveríamos compreender
os ensinos de Jesus e ter seu
exemplo como meta de vida."

Trecho extraído do livro
O voo da gaivota

"Felizes os que seguem os ensinamentos de Jesus; os que aprendem, encarnados, o que é desencarnar e mudam interiormente para melhor."

*Trecho extraído do livro
Vivendo no mundo dos espíritos*

"Lar é união de moradores com afeto."

*Trecho extraído do livro
O voo da gaivota*

"Devemos buscar auxílio
só em lugares bons, em que se
faz caridade, principalmente
quando se trata de entes
queridos desencarnados."

Trecho extraído do livro
O voo da gaivota

"Quem não aprende a controlar-se
quase sempre se torna enfermo."

Trecho extraído do livro
O voo da gaivota

"Por pior que seja a dificuldade do momento, lembre-se de que tudo passa."

*Trecho extraído do livro
O voo da gaivota*

"Precisamos aprender a amar com desapego, ampliar o número de nossos afetos, sem a ilusão da posse."

*Trecho extraído do livro
O voo da gaivota*

"Muito se tem falado da continuação da vida depois da morte física, cabe a cada um fazer seu preparo, sem descuidar do presente."

Trecho extraído do livro
O voo da gaivota

"O que todos nós devemos fazer: amar com desapego."

Trecho extraído do livro
O voo da gaivota

"A felicidade duradoura está na paz conquistada, na harmonia, no equilíbrio, na alegria de ser útil, no bem e no caminhar para o progresso."

Trecho extraído do livro
O voo da gaivota

"Se não aprendermos pelo amor, acabaremos aprendendo pela dor."

Trecho extraído do livro
O voo da gaivota

"Não faça da existência um acúmulo de sensações e prazeres como se isso fosse a finalidade única para a qual reencarnamos."

Trecho extraído do livro
O voo da gaivota

"Ações boas nos equilibram, harmonizando-nos com a perfeição."

Trecho extraído do livro
O voo da gaivota

"Que interessante é o amor incondicional. Quanto mais uma mãe olha seu filho, mais o acha bonito, não importa quantas vezes o faça."

Trecho extraído do livro
O voo da gaivota

"Nada deve ser em excesso. O equilíbrio deve existir sempre."

Trecho extraído do livro
O voo da gaivota

"Amar a Deus é tê-Lo como centro da própria vida, vê-Lo, senti-Lo, ter afeto por Ele em todas as suas manifestações."

Trecho extraído do livro
O voo da gaivota

"Só a compreensão nos faz ver a beleza nas coisas simples."

Trecho extraído do livro
O voo da gaivota

"Se não acordarmos para uma renovação na nossa maneira de ser, correremos o risco de ver o rio da vida passar..."

Trecho extraído do livro
O voo da gaivota

"É no momento atual que construímos nosso futuro."

Trecho extraído do livro
O voo da gaivota

"Devemos seriamente pensar na desencarnação como prolongamento da vida e, se quisermos ter uma continuação feliz, que façamos por merecê-la."

Trecho extraído do livro
O voo da gaivota

"Somos sempre perdoados quando pedimos perdão com sinceridade."

Trecho extraído do livro
O voo da gaivota

"Beneficiamos a nós mesmos quando cultivamos o sentimento sincero da gratidão."

Trecho extraído do livro
O voo da gaivota

"Ajam como a lagarta, que está sempre pronta a aceitar com amor as transformações que a vida quer operar em sua existência."

Trecho extraído do livro
O voo da gaivota

"A verdadeira humildade somente é vivida quando não a temos como tal, estando totalmente conscientes de nossa pequenez."

Trecho extraído do livro
O voo da gaivota

"Felizes os que fazem do bem o objetivo de sua vida!"

Trecho extraído do livro
O voo da gaivota

"A humildade cultivada externamente
é vaidade e pretensão."

Trecho extraído do livro
O voo da gaivota

"A desencarnação é a continuação
real da vida que tivemos,
ligamo-nos aos nossos atos."

Trecho extraído do livro
O voo da gaivota

"A felicidade duradoura está
na paz conquistada, na
harmonia, na alegria de ser útil."

*Trecho extraído do livro
O voo da gaivota*

....

"Devemos viver de tal modo
que não mereçamos
raiva e ódio de ninguém."

*Trecho extraído do livro
O voo da gaivota*

"O amor deve sempre nos levar a querer o melhor para o ser amado."

*Trecho extraído do livro
O voo da gaivota*

"Se, pelo passado, alguém nos cobrar, devemos ajudá-lo e não aceitar sofrer pelo que fizemos."

*Trecho extraído do livro
O voo da gaivota*

"Consciência tranquila e sem erros é nossa tranquilidade, porque a dor do remorso é terrível."

Trecho extraído do livro
O voo da gaivota

"A ajuda dos que amamos nos é muito valiosa. Dê então, a devida importância."

Trecho extraído do livro
A casa do escritor

"Tudo é temporário, tudo passa e nós ficamos com o proveito que obtemos cada vez que revestimos um corpo físico."

Trecho extraído do livro
O voo da gaivota

"Sem a comunhão com a vida, quase sempre o preconceito racial vem à tona."

Trecho extraído do livro
O voo da gaivota

"Quem sabe é porque aprendeu,
e os conhecimentos
são tesouros adquiridos."

*Trecho extraído do livro
O voo da gaivota*

"Deus não se ofende conosco,
ama-nos muito."

*Trecho extraído do livro
O voo da gaivota*

"Não devemos compactuar
com o erro, mas amar
a presença de Deus no pecador."

*Trecho extraído do livro
O voo da gaivota*

"Somos livres por tudo
o que sabemos e escravos
do que não sabemos."

*Trecho extraído do livro
O voo da gaivota*

"Amando verdadeiramente, anulamos erros e irradiamos alegrias em nossa volta."

Trecho extraído do livro
O voo da gaivota

"Amar a tudo, dando valor, mas sabendo que nos é emprestado."

Trecho extraído do livro
O voo da gaivota

"Tudo nos é emprestado, já que não somos donos de nada material, não possuímos nada."

Trecho extraído do livro
O voo da gaivota

"Como é triste cometer erros e ter a consciência a nos cobrar."

Trecho extraído do livro
O voo da gaivota

"Reconhecer que erramos é fundamental, punirmo-nos, por incrível que pareça, é uma atitude de egoísmo."

Trecho extraído do livro
O voo da gaivota

"Nunca se esqueça, tudo o que fizer, faça bem feito."

Trecho extraído do livro
O voo da gaivota

"A tão sonhada felicidade está dentro de nós, não importa onde estejamos e o que façamos."

Trecho extraído do livro
O voo da gaivota

"Temos sempre muitas possibilidades de ser felizes, só que quase sempre não as percebemos."

Trecho extraído do livro
O voo da gaivota

"O melhor lugar é aquele
em que somos mais úteis."

*Trecho extraído do livro
O voo da gaivota*

"A mente e o corpo, privados
dos fluidos cósmicos, pelo egoísmo,
entram em estado de perturbação."

*Trecho extraído do livro
O voo da gaivota*

"Pela dor aprende-se o que se poderia muito bem ter aprendido pelo amor."

Trecho extraído do livro
O voo da gaivota

....

"Que tristeza seria sentir que não há mais nada para aprender."

Trecho extraído do livro
O voo da gaivota

"Devemos viver bem e
no bem, sempre."

*Trecho extraído do livro
O voo da gaivota*

....

"Ações más danificam o perfeito,
desequilibram, trazendo sempre
a doença e o sofrimento como
causa desse desequilíbrio."

*Trecho extraído do livro
O voo da gaivota*

"Prejudicamos a nós e aos outros ao fazer algo por ambição, poder e vaidade."

Trecho extraído do livro
O voo da gaivota

"Conhecimentos só nos fazem bem e, quanto mais sabemos, mais podemos ser úteis."

Trecho extraído do livro
O voo da gaivota

"Muitos temem a desencarnação
por não ter o preparo
para essa continuação de vida."

Trecho extraído do livro
O voo da gaivota

"Quando aprendemos a ver
Deus em tudo e dentro de nós,
qualquer lugar é maravilhoso, não
existem lugares ruins."

Trecho extraído do livro
O voo da gaivota

"Faça com muito amor o
que tem de ser feito."

Trecho extraído do livro
O voo da gaivota

"A natureza não dá saltos,
nada é excepcional, e a beleza
está na simplicidade."

Trecho extraído do livro
O voo da gaivota

"Mestre é aquele que ensina, pai é o que orienta."

Trecho extraído do livro
A casa do escritor

"Não é certo fazer o que não somos capazes no momento."

Trecho extraído do livro
O voo da gaivota

"Sentimos muita emoção e euforia quando um bom objetivo é alcançado. Esforce para alcançar o seu."

Trecho extraído do livro
A casa do escritor

"Abrace quem você ama e diga hoje que a ama."

Trecho extraído do livro
A casa do escritor

"Quando procuramos entender, compreender tudo nos fica mais fácil."

*Trecho extraído do livro
A casa do escritor*

....

"Oração sincera não fica sem resposta."

*Trecho extraído do livro
Violetas na janela*

"Felizes os que passam aos outros seus conhecimentos."

*Trecho extraído do livro
O voo da gaivota*

....

"Minha família é minha alegria, juntos participamos da harmonia com o Criador."

*Trecho extraído do livro
Vivendo no mundo dos espíritos*

"Amando a presença de Deus, que é o autor de todas as manifestações em cada criatura, teremos compaixão de todos os seres humanos."

*Trecho extraído do livro
O voo da gaivota*

"Quem perdoou não é mais carente de ajuda paternalista."

*Trecho extraído do livro
A casa do escritor*

"Que coisa fantástica é a vida e, por mais que a observemos, parece-nos sempre nova."

Trecho extraído do livro
O voo da gaivota

"A beleza da existência está na sua dinâmica atividade."

Trecho extraído do livro
O voo da gaivota

"As reações, os efeitos, podem ser tanto para a felicidade como para o sofrimento. Sejamos felizes fazendo o bem!"

*Trecho extraído do livro
Vivendo no mundo dos espíritos*

"Podem existir muitas formas de sentir os acontecimentos pelos quais somos envolvidos."

*Trecho extraído do livro
O voo da gaivota*

"Quando nos sentimos inseguros, devemos pedir opiniões a amigos que consideramos e por quem somos considerados."

*Trecho extraído do livro
O voo da gaivota*

....

"Sabedoria é não necessitar sofrer para ser uma pessoa melhor."

*Trecho extraído do livro
Vivendo no mundo dos espíritos*

"A vida se parece com imenso rio que, apesar de estar no mesmo lugar, nunca é o mesmo, renova-se a cada segundo."

*Trecho extraído do livro
O voo da gaivota*

"Sofrimentos são aprendizados que muitas vezes necessitamos para aprender a não errar mais."

*Trecho extraído do livro
Vivendo no mundo dos espíritos*

"Com compreensão, todo aquele que viveu sabe como tomar a melhor atitude diante de cada problema."

*Trecho extraído do livro
O voo da gaivota*

"Nossos erros, vícios, são como a sujeira. Para estar limpo é necessário querer limpar-se."

*Trecho extraído do livro
Violetas na janela*

"Para compreender uma história,
é necessário viver as emoções de
quem narra os acontecimentos."

*Trecho extraído do livro
Violetas na janela*

"Deus, que está em toda parte,
aqui se faz presente
pela demonstração de amor."

*Trecho extraído do livro
Vivendo no mundo dos espíritos*

"Nem sempre é possível retribuirmos o bem recebido ao nosso benfeitor. Mas, como a nós foi feito, devemos fazer a outros."

Trecho extraído do livro
A casa do escritor

"Conhecimento adquirido
é patrimônio seu,
conseguido por seu esforço."

Trecho extraído do livro
O voo da gaivota

"O bem e o amor alimentam a todos nós, nos fortalecendo, nos levando a aprender a sermos bons."

Trecho extraído do livro
O voo da gaivota

"Sinta o prazer de viver e sinta em sua alma o amor de Deus."

Trecho extraído do livro
A casa do escritor

"Não querendo ter inimigos,
é necessário torná-los
amigos. Abrace seu amigo hoje.
Diga que lhe quer bem."

*Trecho extraído do livro
O voo da gaivota*

....

"Aonde quer que olhemos,
há evolução mesmo que
lenta, mas constante."

*Trecho extraído do livro
Violetas na Janela*

"E nós podemos refletir a luz, a harmonia, a bondade e a fraternidade de Deus."

*Trecho extraído do livro
Vivendo no mundo dos espíritos*

"Ama a vida pela própria beleza de viver e sinta o infinito amor de Deus."

*Trecho extraído do livro
A casa do escritor*

"Ama a Deus profundamente, ama a si mesmo com muito respeito pela vida e ao próximo como a si mesmo."

Trecho extraído do livro
O voo da gaivota

"A natureza não se desvia do caminho do aperfeiçoamento, da manifestação divina."

Trecho extraído do livro
Vivendo no mundo dos espíritos

"Os efeitos do bem, que trazem paz e harmonia, não precisam ser modificados."

Trecho extraído do livro
Vivendo no mundo dos espíritos

"Dá valor no presente que é na verdade a única realidade que podemos viver."

Trecho extraído do livro
Vivendo no mundo dos espíritos

"Ao fazermos o bem tornamo-nos melhores e estamos colaborando para melhorar a humanidade."

*Trecho extraído do livro
O voo da gaivota*

"Devemos ser alegres e transmitir alegrias aos que nos rodeiam."

*Trecho extraído do livro
O voo da gaivota*

"Não se faz nada bem feito sem esforço, trabalho e perseverança."

*Trecho extraído do livro
A casa do escritor*

"Tristeza sem ajuda de nada serve, construímos, progredimos com o trabalho alegre."

*Trecho extraído do livro
O voo da gaivota*

"A alegria interna virá quando superarmos nossos traumas íntimos e ajudarmos outros a fazê-lo."

*Trecho extraído do livro
O voo da gaivota*

....

"Com amor, tudo que fizermos será bem feito."

*Trecho extraído do livro
O voo da gaivota*

"Toda a criação de Deus é fantástica. A Terra passou por diversas transformações, mas continuou linda."

*Trecho extraído do livro
Vivendo no mundo dos espíritos*

....

"Só quem aprendeu a amar irradia Amor e Paz."

*Trecho extraído do livro
Violetas na janela*

"Para o homem insatisfeito com o que Deus lhe deu, toda dificuldade se torna castigo, martírio."

*Trecho extraído do livro
Violetas na janela*

"Procure entender a vida, fé sem raciocínio é difícil de manter."

*Trecho extraído do livro
Vivendo no mundo dos espíritos*

"Não pode sofrer no lugar dos outros. Cada um tem a lição para fazer o que compete ao seu aprendizado."

*Trecho extraído do livro
Violetas na janela*

"Sempre há trabalho para ser feito, o que faço no momento, é meu e faço-o com muito amor."

*Trecho extraído do livro
Vivendo no mundo dos espíritos*

"Trabalhem por prazer, pois para que haja garantia de perfeição numa ação é necessário que ela seja feita com satisfação."

*Trecho extraído do livro
Violetas na janela*

"Não nos igualamos ao Mestre, mas exemplifiquemos a sua conduta."

*Trecho extraído do livro
A casa do escritor*

"Todos nós devemos nos transformar e ajudar na transformação de outros para que sejam felizes um dia."

*Trecho extraído do livro
Violetas na janela*

"Quando perdoamos, abrimos o coração para sermos felizes."

*Trecho extraído do livro
A casa do escritor*

"Quando fazemos algo sem preparo, quase sempre não fazemos o melhor que poderíamos. Então, prepare-se com amor."

Trecho extraído do livro
A casa do escritor

"Para ter amigos é necessário fazê-los."

Trecho extraído do livro
Vivendo no mundo dos espíritos

"Tudo que nos cabe fazer, façamos bem feito."

*Trecho extraído do livro
O voo da gaivota*

....

"Tudo passa, menina. O tempo cura feridas."

*Trecho extraído do livro
Violetas na janela*

"Tire da mente os erros do passado, acerte no presente para ter boas recordações no futuro."

*Trecho extraído do livro
Vivendo no mundo dos espíritos*

"O comodismo, o "estar muito bem assim", faz com que paremos."

*Trecho extraído do livro
Violetas na janela*

"Confiar na força do Bem e se esforçar para acertar."

*Trecho extraído do livro
Violetas na janela*

"O bem que fazemos a nós mesmos fazemos. Quando fazemos o bem, fazemos amigos."

*Trecho extraído do livro
O voo da gaivota*

"Converse com amigos.
Reúna amigos e tenha aquela
conversa edificante."

*Trecho extraído do livro
A casa do escritor*

"A oração sincera é ouvida
em qualquer culto."

*Trecho extraído do livro
Vivendo no mundo dos espíritos*

"As violetas não só enfeitaram a janela do meu quarto, mas também a do mundo novo que surgia à minha frente. O amor permanecia além do tempo e do espaço."

*Trecho extraído do livro
Violetas na janela*

....

"Cultive o amor pelo que faz."

*Trecho extraído do livro
A casa do escritor*

"Meditando, conseguimos olhar o universo como um todo orgânico, vendo a unidade de Deus."

*Trecho extraído do livro
Violetas na janela*

"Fazendo o bem, não teremos os erros para nos atormentar. Nada melhor que plantar o bem."

*Trecho extraído do livro
Vivendo no mundo dos espíritos*

"O nosso estado de espírito influi, levando-nos a ver tudo mais bonito."

*Trecho extraído do livro
Violetas na janela*

"Seu objetivo é amar e servir a Deus."

*Trecho extraído do livro
Violetas na janela*

"O belo ou o feio que possamos vir a ver é consequência de nossa escolha pessoal."

Trecho extraído do livro Violetas na janela

"É preciso se amar para aprender a amar o próximo."

Trecho extraído do livro Violetas na janela

"Preconceito racial
tem sido a causa de muitas
desavenças terrenas."

*Trecho extraído do livro
O voo da gaivota*

....

"A saudade existe e existirá,
mas o tempo a suaviza."

*Trecho extraído do livro
Violetas na janela*

"Não deixe que somente o entusiasmo seja motivo para o seu trabalho. Ama-o!"

Trecho extraído do livro
A casa do escritor

"Quem não perdoa sofre muito."

Trecho extraído do livro
A casa do escritor

"Aceite com alegria o que lhe está sendo ofertado."

*Trecho extraído do livro
Violetas na janela*

"O amor os leva a progredir espiritualmente."

*Trecho extraído do livro
Violetas na janela*

"Somos herança de nós mesmos."

Trecho extraído do livro Violetas na janela

....

"O egoísmo é a maior chaga perturbadora tornando a vida humana um inferno."

Trecho extraído do livro Violetas na janela

"O não entendimento da continuação da vida leva muitas pessoas a terem pena de quem desencarna."

*Trecho extraído do livro
Violetas na janela*

"O futuro é uma consequência vivida do presente e não fruto de aspirações."

*Trecho extraído do livro
Violetas na janela*

"Se as circunstâncias são adversas, se estou consciente de que posso transformá-las, elas ficam mais suaves."

*Trecho extraído do livro
Violetas na janela*

"Aos desprendidos, Deus lhes concede Paz, Amor, Alegria e Felicidade imperturbáveis."

*Trecho extraído do livro
Violetas na janela*

"Os desencarnados não podem fazer o que compete aos encarnados, mesmo os amando demais."

*Trecho extraído do livro
Violetas na janela*

"A luz sustentada na fé e na sapiência se fortalece com ataques contrários."

*Trecho extraído do livro
Violetas na janela*

"Ninguém socorre um náufrago sem sofrer o chicote das ondas."

*Trecho extraído do livro
Violetas na janela*

"É no ambiente hostil que o servo bom e fiel fortifica e consolida a sua vivência para Deus."

*Trecho extraído do livro
Violetas na janela*

"A libertação não se faz pela repressão, mas sim pela compreensão do que o homem é."

*Trecho extraído do livro
Violetas na janela*

"Comete-se grande falta de caridade privar alguém de aprender."

*Trecho extraído do livro
Violetas na janela*

"Muitos trabalhos são tarefas, oportunidades de aprender e crescer espiritualmente."

*Trecho extraído do livro
A casa do escritor*

"Ninguém é insubstituível."

*Trecho extraído do livro
A casa do escritor*

"Se todos trocassem a colheita ruim pelo trabalho no bem, pela transformação interior para melhor, a colheita de dores e sofrimentos sumiria da Terra."

*Trecho extraído do livro
A casa do escritor*

"Quando se faz o que se ama, tudo é mais fácil, é nosso prazer."

*Trecho extraído do livro
A casa do escritor*

"Aprende com amor e já está apta a ensinar o que adquiriu."

*Trecho extraído do livro
O voo da gaivota*

....

"Todos nós temos que aprender a amar, a ser úteis para termos paz e sermos felizes."

*Trecho extraído do livro
O voo da gaivota*

"Todos somos capazes.
Principalmente se não
nos é exigido o impossível."

*Trecho extraído do livro
O voo da gaivota*

"O amor nos ajuda a vencer os
obstáculos do caminho, é
o único capaz de nos redimir
e nos levar ao progresso."

*Trecho extraído do livro
O voo da gaivota*

"Não se envergonhe de ser feliz, porque, ao estarmos bem, irradiamos alegrias que beneficiam os outros."

*Trecho extraído do livro
O voo da gaivota*

"Aprendemos muito quando transmitimos nossos conhecimentos."

*Trecho extraído do livro
O voo da gaivota*

"Devemos amar cada vez mais a todos, tentando nos educar moralmente, progredir e ajudar o maior número de pessoas."

Trecho extraído do livro
A casa do escritor

"A mente tem muita força."

Trecho extraído do livro
Vivendo no mundo dos espíritos

"Poder retribuir uma ajuda recebida é uma graça."

*Trecho extraído do livro
Vivendo no mundo dos espíritos*

"Soubemos o tanto que se pode fazer com a mente e que todos somos capazes."

*Trecho extraído do livro
Vivendo no mundo dos espíritos*

"Para quem procura compreender Deus, servi-Lo, amá-Lo, as dificuldades são oportunidades para superar-se."

*Trecho extraído do livro
Violetas na janela*

....

"A beleza da manifestação de Deus está justamente no contraste dos opostos."

*Trecho extraído do livro
A casa do escritor*

"A beleza do simples, mas necessário para a sustentação da maioria, é sempre pura e eterna."

*Trecho extraído do livro
A casa do escritor*

....

"A sabedoria é a
fonte da prudência."

*Trecho extraído do livro
Vivendo no mundo dos espíritos*

Av. Porto Ferreira, 1031
Parque Iracema
CEP 15809-020 | Catanduva-SP

www.**petit**.com.br
petit@petit.com.br
www.**boanova**.net
boanova@boanova.net

 17 3531.4444

 17 99777.7413

 @boanovaed

 boanovaed

 boanovaeditora